Glücklich ist, wer alles versteht!
beziehungsweise
Felix, qui potuit rerum cognoscere!

Glücklich ist, wer alles versteht!

beziehungsweise

Felix, qui potuit rerum cognoscere!

Lustspiel in einem Akt

Herstellung und Verlag: „Books on Demand GmbH, Norderstedt"
ISBN 3-8334-0675-5
Hamburg, 2004

Vorwort

Wer kennt sie nicht, die immer wiederkehrenden Beziehungskrisen, Verständigungsprobleme und Missverständnisse im öffentlichen und im privaten Leben? Die menschliche Sprache als Kommunikationsmittel ist ja nicht immer so eindeutig, dass ein verdeckter Dissens gleich auffliegt, beziehungsweise ein offener Konsens auffällt. Die Gefahr solcher Ungereimtheiten steigt naturgemäß im Proporz im Austausch mit Mann und Frau, Kundigen und Kulturbanausen im In- und im Ausland, seit eh und je. Und so geht es auch den Protagonisten nicht viel anders: Felix Caesarius, kampferprobter römischer Konsul, hat schwer um Verständigung zu kämpfen mit seiner Frau Kunigunda, gewissermaßen ein antikes „Enfant Terrible". Aber auch ersterer ist kein unbeschriebenes Blatt, wie es nach seinen abenteuerlichen Ausführungen über seinen ägyptischen Feldzug gegen Kleopatra den Anschein hat. Was den Anschein dieser Personen mit solchen unserer oder historischer Zeit angeht, so wären sie rein zufällig, aufgrund der Tatsache, dass die agierenden Protagonisten zufällig frei erfunden wurden.

Ein kurzes Lustspiel in einem Akt mit antiken Allegorien, geschrieben im dritten Monat des dritten nachchristlichen Jahrtausend nach Aschermittwoch.

Glücklich ist, wer alles versteht!

beziehungsweise

Felix, qui potuit rerum cognoscere!

Lustspiel in einem Akt
mit Regieanmerkungen

Felix Caesarius römischer Konsul von Ägypten,
Erscheinung 20 bis 45 Jahre alt, von schmächtiger Statur, in antiker
Gewandung mit Schwert und Mantel,

Charakter ein einfältiger und selbstverliebter, gebildeter und
trinkfreudiger Bonvivant mit sanguinischem Tempera-
ment

Donna Kunigunda Gattin des Felix Antonin,

Erscheinung	20 bis 45 Jahre alt, von korpulenter Statur, in antiker, edler Frauenbekleidung,
Charakter	eine selbstsüchtige und ambitionierte, einfach gestrickte Hausfrau mit aufbrausendem Temperament
Ort und Zeit	in einer römischen Villa um das Jahr o
Situation	Nach seiner Rückkehr aus Ägypten wartet Felix Caesarius zu Hause auf seine geliebte Kleopatra, wird jedoch von der verfrühten Heimkehr seiner Donna Konigunda überrascht.
Requisiten	ein Buch eine Vase eine Decke ein Amphora ein Weinkrug ein Weinkelch ein antiker Stuhl eine antike Liege ein Lorbeerkranz ein ägyptischer Kopfschmuck ein Vase mit großen Pflanzenblättern ein Bild (oder Plastik) der Venus von Milo eine Tafel (mit der Innschrift des Titels) eine ägyptische Büste (der Königin Nofretete) eine Ablagemöglichkeit (Säulenstumpf, Tisch o.ä.) ein Bild der Siegesgöttin Nike von Samothrake (o.ä.) ein Korb darin ein Helm und eine Rose und ein Mob
Spieldauer	20 bis 30 Minuten

Felix *(kommt hastig mit Schwert und Mantel in seine Villa und läuft aufgedreht um einen Säulenstumpf mit Ablagefläche, auf der sich eine Vase, ein Weinkrug, ein Kelch, ein Lorbeerkranz und ein Buch befinden. Angelehnt an den Säulenstumpf steht ein Bild der griechischen Göttin Nike. Im Fond steht eine große Tafel mit der Innschrift „Glücklich ist, wer alles versteht!" Eine Amphora steht an einer Seitenwand und ein Krug mit einer Grünpflanze an der gegenüberliegenden Seitenwand. Daneben steht eine ägyptische Büste. Vor der Rückwand steht eine Plastik der Venus von Milo und ein Stuhl, auf dem ein eine Decke liegt)* **Bei der Venus!** … **Kleopatra**[1] kommt gleich zum **Rendez-vous!** … Und ich muss noch meine Antrittsrede als Konsul von Ägypten austüfteln! *(reibt sich die Hände)* … Also in medias res! … Nehme ich doch gleich mal die **Weihnachtsgeschichte** als Vorlage! *(ergreift das Buch, schlägt es auf, setzt sich auf den Stuhl und sinnt* verschmitzt*)* … Es begab sich aber zu der Zeit, als meine **Donna Kunigunda** auf **Kur** und ich, **Felix Caesarius**, Statthalter von

Ägypten war und ein Gebot ausging, dass ich mit **Kleopatra Kaiser in Rom werde.** *(steht auf, schlägt das Buch zu und wirft es überheblich weg, geht nach vorne und reibt sich frohlockend die Hände)* Ja, das ist **richtig gut!** … Gott sei Dank! *(setzt sich feierlich den Lorbeerkranz auf)* … Bin ich nicht quasi fast **gottgleich?!** *(schenkt sich ein, während Kunigunda mit ägyptischen Kopfschmuck über dem Gesicht und einem Korb eintritt – darin befinden sich ein Helm, eine Rose und ein Mob. Er bemerkt sie zunächst nicht und trinkt genüsslich in tiefen Zügen)* … Ha! Wie heißt es doch so schön: „Lebe bis du satt geküsst, und des Trinkens müde bist"![2] *(sie stellt den Korb auf den Stuhl und wendet sich ihm zu. Er bemerkt sie nun, wähnt Kleopatra vor sich, stellt den Kelch ab, tritt zu ihr und begrüßt sie gerührt)* … Oh! … Da bist du ja schon, … Geliebte …

Kunigunda *(nimmt den Kopfschmuck ab und rauscht verliebt auf ihn zu. Er erkennt sie nun als seine Gattin und erstarrt)* Mein Geliebter und Gebieter! … Und lieber Felix, Ich habe einen unersättlichen **Bildungsdurst und Liebeshunger** aus meiner Kneip-Kur mitgebracht!

Felix *(nimmt den Schmuck entgegen und begutachtet ihn verwundert, wendet er sich ihr wieder zu, und faselt noch etwas angetrunken)* **Donnerwetter! … Donna Kunigunda!** … Ich dachte glatt, du wärst **Kleopatra,** *(gibt ihr den Schmuck zurück)* mit dem Retro-Look aus dem **Basar!** … Gab's den als **Kosmetikersatz** auf deiner Kneipen-Kur äh, … Kneip-Tour?!

Kunigunda *(wirft verärgert den Schmuck weg)*
Unsinn! ... Hab ich so einer verdächtigen Ägypterin **vor der Tür abge-
knöpft.** ... Die hieß Klopatra oder so ähnlich. ... Die werde ich mir noch
vorknöpfen und ihr mal richtig den Kopf waschen[3], ... dieser **Maske!**

Felix *(zunächst konsterniert, versucht sie nunmehr abzulenken.)* Man sollte das Kind aber nicht gleich mit dem Bade ausschütten, … wegen äh, … der Haartönung. Sie hat da nämlich bestimmt so ihren Kopf. *(Er tritt etwas zur Seite, reibt sich verlegen die Hände und fragt fadenscheinig)* … Aber äh, … Kunigunda, ich dachte, du kommst erst zu meinem **Triumphzug**[4] zurück?!

Kunigunda *(holt die Rose aus dem Korb und bemerkt beiläufig)*
Der wird doch ständig verschoben! … Ist mir auch schnurzpiep egal! *(geht zu ihm, schaut ihn mit großen Augen an und gibt ihm feierlich die Rose)* … – Felix, heute ist doch unser **Hochzeitstag!** … Hast du das **vergessen?!**

Felix *(hält die Rose vor sich und steht völlig neben sich)*
Ach so, ja! *(sie stampft unerwartet wütend über seine Antwort mit dem Fuß auf und fixiert ihn böse. Er lässt verschreckt die Rose fallen und sucht sich zu korrigieren)* … Äh, nein, … meine ich.

Kunigunda *(er setzt sich nun abgespannt auf den Stuhl. Sie mustert ihn besorgt)* Du siehst ja so angespannt aus! *(beugt sich zu ihm herunter, zieht ihn zu sich hoch und riecht seine Fahne. Sie rümpft die Nase, schubst ihn wieder auf den Stuhl herunter und belehrt mit erhobenem Zeigefinger)* … Wenn du so weitertrinkst, taugst du nur noch als **Fahnenträger!** Und ich, … **ich bin hier kein Krankenträger!** *(hebt die Rose auf, geht zum Säulenstumpf, steckt sie demonstrativ in die Vase, geht wieder zu ihm, nimmt ihm Mantel und Schwert ab, wirft sie auf den Stuhl und fährt belehrend fort)* … Felix, du musst dich mal **richtig ausschlafen!**

Felix *(steht geistesgegenwärtig auf, um unter diesem Vorwand abzugehen)*
Das ist eine **gute** Idee, Kunigunda! … Ich ziehe mich schon mal aus und gehe
ins … äh . . .

Kunigunda *(folgt ihm schnell, ergreift sein Halstuch, hält ihn daran energisch
zurück und befielt herrisch)* … **Halt, warte!!** … Erst die **Arbeit,** und **dann** das
Vergnügen! *(schaut sich kritisch um und nimmt den Mob aus dem Korb)* … Erst
bringst du mir mal **Ordnung** in diese Villa Kunterbunt. Sieht ja **schlimm aus**
hier! … Wie nach einer **Kissenschlacht!** *(drückt ihm den Mob in die Hand)* …
Kannst gleich mit dem **Mob** anfangen!

Felix *(sie schüttelt die Decke aus, er hustet daraufhin und fängt zu philosophieren an)* Der **Mob** auf der Straße wirbelt just viel Staub auf. Der ist schwer unter Kontrolle zu halten.

Kunigunda *(legt die Decke auf die Stuhllehne und belustigt sich)* Ha! Was hältst **du** denn schon unter **Kontrolle?!** *(dreht sich zu ihm, entreißt ihm den Mob, wirft ihn weg, bleibt dann überheblich stehen und erklärt hochnäsig)* … Ich hab meine **Figur** jedenfalls **voll unter Kontrolle.** *(mustert sich und fährt selbstverliebt fort)* … Hab mich ja **wieder mal breitschlagen lassen** von dir, und mach jetzt **Breitensport** für dich! … Für **Bauch, Beine und Po!**

Felix *(sie beginnt jetzt eifrig Kniebeugen zu machen und hält sich dabei an der Stuhllehne fest. Er nimmt die Decke, faltet sie, legt sie sorgsam über die Stuhllehne und bemerkt dabei ironisch)* **Apropos Po:** Kannst ja gerne mit deinen Pfunden wuchern[5]. Aber pass bitte auf! Nicht dass du dabei noch **dein Hüfttuch verlierst!** … Wie die Venus **von Milo**[6], *(schwärmend forfahrend)* die mit ihrer **jugendlichen Schönheit so viele Betrachter anlockt!**

Kunigunda *(bleibt konsterniert stehen und fragt dann sehr neugierig)* **Wer?!** … So ne Adelige?! … So n´ junges Ding?!

Felix *(zeigt unbeeindruckt zur Plastik der Venus von Milo, was sie jedoch nicht wahrnimmt. Er belehrt altklug)* Ihr Alter kennt man nicht so genau. Sie inspiriert aber viele Künstler als äh … Akt-Model.

Kunigunda *(bleibt starr hinter dem Stuhl stehen und sucht sich zu beherrschen)* **Aktmodel?!** *(wendet sich ihm plötzlich wieder zu fährt sehr argwöhnisch fort)* … Scheinst sie ja ganz gut zu **kennen, diese … von Milo!** *(sehr eifersüchtig)* … Die muss dich ja **wahnsinnig beeindruckt haben!**

Felix *(fachsimpelt unbekümmert weiter)*
Sie kommt aus Griechenland; ist aber **ganz weiß** und **immer** im Museum. Sie trägt nur ein Tuch locker um die Hüften … und …

Kunigunda *(empört sich)*
… Und geht in **diesem Aufzug** ins **Museum?!** … Dann ist das **keine echte** … **von Adel!** *(stützt die Arme auf, schüttelt den Kopf und empört sich)* … Ist doch … **unmöglich!!**

Felix *(verwirrt)*
. . . Das ist auch unmöglich!

Kunigunda *(beugt sich über der Rückenlehne des Stuhls zu ihm, starrt ihn an und fragt verwirrt)* **Was??**

Felix *(versucht sich zu erklären)*
Na äh, … das **Museum**. Das hat zur Zeit geschlossen, wegen Umbau. … *(fahrig)* Sie hat übrigens beide Arme verloren.

Kunigunda *(richtet sich mit Genugtuung auf und ruft hämisch aus)*
Ha! Selber schuld! Wenn die auf die **Baustelle** geht, **Männer anbaggert** und **Unfälle baut!** *(tritt impulsiv nach vorne stolpert über den Stuhl und fällt zu Boden. Richtet sich etwas auf, kniet jetzt am Boden und fährt belehrend fort)* … Da haben Frauen ja auch **nichts verloren!**

Felix *(hilft ihr wieder auf die Beine und bemerkt beiläufig)*
Und auch nicht in der **Politik,** … denke ich.

Kunigunda *(pocht unverholen mit der Faust auf die Brust und tritt dabei selbstherrlich vor)* **Papalapapp!!** … **Ich** will Roms **Primadonna** werden, sonst gibt es im Senat[7] **Kakophonie!!**

Felix *(steht wieder neben sich und sinnt verwirrt)*
Kakophonie? … - Ach ja, meine Rede! … Veni, vidi …? Ich kam, ich sah, … **Geliebte?!**

Kunigunda *(stützt die Arme auf, schüttelt genervt den Kopf und belehrt harsch)*
Ich kam, ich sah, ich **siegte,** heißt das! *(holt den germanischen Helm aus dem Korb, während er den Stuhl wieder aufstellt und sorgsam Schwert, Mantel und Decke darauf legt. Sie geht jetzt nach vorne und erklärt überheblich)* … Aber bist ja **eh** kein **Siegertyp** wie **ich** oder *(fährt schwelgend fort)* mein Freund **Herman**[8] aus dem **Treutoburger Wald!** *(setzt sich strahlend den Helm auf)* …

Hier! … Diesen coolen Helm hab ich von ihm. Den kann man auch als **Frau** gut tragen! Er ist ganz leicht und schont meine Frisur! … Den habe ich von **Herman** geschenkt bekommen!

Felix *(Während sie strahlend vor Freude posiert, stellt er das Bild der Nike vom Säulenstumpf auf den Stuhl und erklärt beglückt)* … Und ich habe diese süße Deko von der äh, … **Nike** äh, … **von Samuthrake**[9] geschenkt bekommen!

Kunigunda *(Sie bleibt wie vom Blitz getroffen stehen, starrt ihn verwirrt an und fragt dann sehr ungehalten)* Ja, **von wem den nun?!** … Drück dich doch nicht so kryptisch aus!

Felix *(schaut sie entgeistert an)*
Wie meinst du das? … Habe ich dir noch nicht von ihr erzählt? *(fachsimpelt naiv)* … Sie wird von allen siegreichen Soldaten angebetet. … Schade, dass sie so **kopflos** ist!

Kunigunda *(winkt überheblich ab und bemerkt besserwisserisch)*
Die will sich doch nur nicht outen! … Wen wundert's, wenn die sich **mit Soldaten abgibt!** *(schüttelt empört den Kopf)* … **Furchtbar,** sich **so kopflos** in diesem Milieu **darstellen zu lassen!** … Hat die denn **überhaupt kein Schamgefühl?!**

Felix *(tritt an sie heran und bemerkt naiv)*
Das kann man so nicht sagen. Sie ist ja kein normaler Mensch wie ich und du.

Kunigunda *(kontert harsch)*
Das ist doch **klar wie Kloßbrühe!** *(fixiert ihn und pocht demonstrativ mit ihrer Hand auf ihre Brust)* Oder willst du mich mit billigen **Pin-up-Girls vergleichen?!**

Felix *(schaut sie entgeistert an)*
Wie kommst du denn **darauf?** *(tritt vor und schwärmt pathetisch mit ausschweifender Gestik)* … Sie könnte glatt ein **Engel** sein! … Sie ist nämlich einfach **göttlich!!**

Kunigunda *(fassungslos vor Empörung)*
Du **vergötterst** sie also auch noch, das **Luder und ergötzt** dich **an ihren Bildern?!** *(nähert sich ihm grimmig; er weicht jedoch geschickt aus, indem er um den Stuhl geht. Sie geht hinter ihm her. Er beschleunigt seinen Gang; sie ebenfalls. Dann laufen beide um den Stuhl. Er dreht sich auf einmal um, macht sich groß und rückt seinen Lorbeerkranz zurecht. Sie weicht verschüchtert zurück indem sie rückwärts um den Stuhl geht. Plötzlich bleibt sie unvermittelt stehen, ergreift tobsüchtig das Bild und schleudert es zu Boden, setzt sich daraufhin entkräftet auf den Stuhl, hält sich die Hände vor das Gesicht und fängt an zu heulen. Er bleibt verdutzt stehen)* … **Huhuhu!!**

Felix *(zeigt auf die Amphora an der Wand, was sie jedoch nicht bemerkt, da sie sich noch die Hände vor das Gesicht hält und schluchzt. Er bemerkt sehr trocken.)* Schade! … Wäre ein süßer Blickfang gewesen, zusammen mit der hübschen Amphora[10]!

Kunigunda *(steht auf einmal auf und fragt schmollend)*
Von was für einer **hübschen Amphora** faselst du da?!

Felix *(zeigt auf die Wand, wo die Amphora steht, was sie jedoch nicht wahrnimmt, da ihr misstrauischer Blick auf ihn fixiert ist)* Die steht noch von der Reise an der Wand. Die Händler waren außer Rand und Band! … Wegen ihrer **kunstvollen Bemalung!** … Wenn sie mal umfällt, darf man sie nur am **Hals** anpacken!

Kunigunda *(ballt die Fäuste und poltert los)*
Die werd ich am **Schlafittchen packen**[11], wenn die mit ihrem **blöden Make-up**
nur an der Wand rumsteht und **nicht in die Hufe kommt!!** *(stützt die Arme
auf und fragt herrisch)* … – Wo kommt die überhaupt **her?!**

Felix *(etwas verunsichert)*
Soweit ich weis, habe ich sie von Griechenland weggeschleppt. ... Eigentlich ich wollte ja keine **Eulen** nach **Athen**[12] **tragen** aber . . .

Kunigunda *(wirft aufgewühlt ihren Helm weg und fällt unbeherrscht ein)*
. . . Aber hast die **doch** hierher **geschleppt?!** ... Oder hast du die da **abgeschleppt?!**

Felix *(kleinlaut)*
So schwer war sie ja nun auch wieder nicht. ... Jeder Hans und Franz hätte sie da mitnehmen können. Sie lag so herrenlos auf dem Boden, verloren in **Griechenland**, auf den Kämmen des **Pelepones**[13]!

Kunigunda *(rauft sich verzweifelt die Haare und hadert ergriffen)*
Ich will nichts wissen von diesem griechischen Frisör **Polypenis** und seinen **komischen Kämmen!** *(läuft unruhig um den Stuhl herum und ereifert sich)* ... Ich **hasse** diese ganze Homoszene und Sklavenwirtschaft hier! Dieses Haus ist ja schon **der reinste Taubenschlag hier!**

Felix *(bleibt unbeeindruckt stehen und entgegnet etwas ironisierend)*
Wem sagst du das, mein Turteltäubchen?! Auch bei meinen Legionen ist es fast wie bei **Sodom und Gomorrha**[14]!

Kunigunda *(bleibt auf einmal stehen und überlegt)*
Kenne ich nicht, diese zwei **Südländer.** *(dreht sich wieder zu ihm und fragt sehr neugierig)* Ist das wieder so eins von diesen **jungen Promi-Pärchen,** die immer so ein **Tohuwabu**[15] in der Jugend-Szene veranstalten?!

Felix *(fachsimpelt altklug)*
Sie sind quasi älter als **Methusalem**[16]! *(fährt begeistert fort)* Mir ist fast die Luft weggeblieben, als ich von ihnen hörte. *(tritt strahlend vor und schwärmt)* Und **erst recht** als ich die **Sphinx**[17] **sah, so kolossal** und **bezaubernd** und schön lag

sie vor mir im heißen Sand! Da ist mir auch ganz schön **heiß** geworden! *(sehr trocken)* … Aber leider hatte sie **keine Nase.**

Kunigunda *(wendet sich ab, verschränkt die Arme und entgegnet schnippisch)*
Dann konnte die dich bestimmt nicht **riechen! Wer oder was** dieser **bezaubernder Koloss** auch immer **ist!** *(wendet sich ihm plötzlich wieder zu und fragt sehr misstrauisch)* … Du hast die doch nicht **angegraben?!**

Felix *(schaut sie perplex an und erwidert naiv)*
Schatz, das wäre für jedermann riskant wegen der Schatzjäger. Die machen sich breit wie Platzhirsche, wo sie da immer liegt, bei den **Pyramiden von Gizeh**[18]. … Da habe ich sie einfach angekuckt.

Kunigunda *(bleibt stehen, schüttelt fassungslos den Kopf und empört sich)*
Ist ja wieder **typisch** für deinen **gewöhnlichen Geschmack,** dich **zu verkucken** in so eine **faule orientalische Strandnixe!!**

Felix *(schüttelt verständnislos den Kopf)*
Sie ist keine **Nixe** und ist **nie** im Wasser. Sie ist eben teilweise wie äh, … **wie eine Katze.**

Kunigunda *(kontert zynisch)*
Ist ja **ungemein beruhigend,** dein neues **Fabel für Schmusekätzchen!**

Felix *(verliert zusehends die Geduld und sucht sich zu beherrschen)*
Im Gegenteil! … Sie ist schon recht betagt und hat überall **Sand-** und **Staubfurchen!**

Kunigunda *(dreht sich ihm plötzlich wieder zu und kontert harsch)*
Kein Wunder, wenn sie sich **jahrelang** in die **Sonne knallt** und sich nicht **wäscht!** … Wer weis, was du dir bei **der** geholt hast!

Felix *(setzt sich kopfschüttelnd auf den Stuhl, beugt sich nach vorne und fährt demonstrativ mit seiner Hand über seinen Nacken. Dabei erwidert er genervt)* Einen Sonnenbrand, leider. … Von meiner Mähne runter bis zum **Nacken!**

Kunigunda *(entgegnet unbeeindruckt)*
Erzähl mir doch **nichts vom Pferd**[19]! *(sehr argwöhnisch)* … Dir sitzt doch der **Schalk im Nacken**[20]!

Felix *(richtet blitzartig wieder auf, baut sich vor ihr auf und fragt sehr interessiert)* Du meinst den Julius **Caesar**[21]?! *(wendet sich melancholisch wieder ab)* … Ich glaube, ich stehe unter keinem guten **Stern!**

Kunigunda *(kniet plötzlich auf dem Stuhl, faltet die Hände und fleht ihn beängstigt an)* **Hör bitte auf damit!** … Ich hab´ doch **Horror vor Horrorskopen!**

Felix *(schubst sie arrogant vom Stuhl und steigt selber darauf, macht sich groß und erklärt altklug)* Man muss ja nicht **jedes Sterns**wörtchen **glauben!** *(richtet seinen Blick und seinen Arm feierlich nach oben. Sie steht verängstigt daneben, umarmt mit einem Arm seine Beine und steckt die Finger der anderen Hand zähnklappernd in den Mund. Er erklärt abgeklärt)* … Ich werde heute Nacht nach ihnen Ausschau halten: Nach dem **großen Wagen**[22] mit dem **kleinen Bär**[23], nach dem **Löwen**[24] und … äh, der **Jungfrau**[25], die gestern **so wunderschön strahlte**. … Zum Glück komme ich mit **Jungfrauen in der Regel** energetisch gut zurecht!

Kunigunda *(Sie fasst sich wieder, tritt zu ihm und bemerkt schnippisch)*
Ist doch logo, dass sie dir **schöne Augen macht,** wenn sie mit diesem **Wander-
zirkus** durch alle Himmelsrichtungen tourt!! *(er steigt - ohne sie zu beachten
- feierlich vom Stuhl und richtet seinen Arm und seinen Blick erneut verklärt
nach oben. Sie ergreift jetzt impulsiv seinen Arm, da er - ohne zu antworten -
wie versteinert in seiner selbstherrlichen Pose verweilt. Sie dreht ihn dermaßen
temperamentvoll zu sich, dass er durch den Schwung um seine eigene Achse ge-
dreht wird. Dann stoppt sie ihn wieder, indem sie ihn energisch an seinem noch
erhobenen Arm packt. Er bleibt wankend stehen und stützt sich schwindelig auf
der Rückenlehne des Stuhls ab. Sie fährt lauthals hadernd fort)* … Die hat dir
doch **bestimmt den Kopf verdreht!**

Felix *(noch am Stuhl taumelnd)*
Ich bin etwas **durchgedreht!** *(findet wieder sein Gleichgewicht und fährt konzentriert fort)* … Aber ihre Position kann ich leicht finden. Sie hat ja immer dieselbe Konfiguration, wie zum Beispiel … äh, … die **Zwillinge**[26].

Kunigunda *(wendet sich wild gestikulierend ab und belehrt harsch)*
Keine Frau hat immer **dieselbe Figur,** Jungfrau hin oder her! … Nur **Zwillinge** sehen immer **gleich aus!**

Felix *(geht nun zum Säulenstumpf, schenkt sich in den Kelch ein und fachsimpelt interessiert)* Aber auch die **ägyptischen Mumien!** Das habe ich in einer **Anubis**[27] Weihestätte erfahren. Da werden die Toten einbalsamiert, um sie zu verzaubern!

Kunigunda *(hält sich angewidert die Hände vors Gesicht, während er genüsslich trinkt)* **Igittigitt!!** … **Wie abscheulich,** sich den **Satanisten zuzugesellen** und sich da zu **ergötzen!!** … In **Anubis Weinstätte oder Raststätte** oder wo du da warst?!

Felix *(setzt etwas alkoholisiert wankend den Kelch ab)*
Ich war doch zu Rast, … äh, zu Gast bei **Kleopatra.** … Die führt aber ein **strenges** Regiment. *(mystisch)* … Man kann sogar **auspeitscht** werden! Da bleibt **kein Auge trocken!** *(stößt auf)* … Hick!

Kunigunda *(verschränkt die Arme und erwidert ironisch)*
Ist ja eine **reizende** Reisebekanntschaft, deine **dominante Gouvernante!**

Felix *(schaut sie entgeistert an)*
Was heißt hier **Gouvernante?** *(stößt wieder auf)* … Hick! Sie ist eben … wie zum Beispiel äh, die Königin äh, … **Nofretete**[28]. *(stößt wieder auf)* … Hick! Sie soll einen **wunderschönen Kopf haben!** *(wendet sich plötzlich ab, ergreift die Büste der Nofretete, presst seine Nase daran und stößt wieder auf)* … Hick! … **Ist aber schwer aufzutreiben!**

Kunigunda *(baut sich sehr neugierig vor ihm auf, erfasst ihn fest an seinen Schultern und starrt ihn wie hypnotisiert an)* **Wer??**

Felix *(schaut sie mit glasigem Blick an, hält dabei die Büste locker in einer Hand und fragt verwirrt)* Was, wer?

Kunigunda *(rüttelt ihn so heftig vor Erregung, so dass er die Büste fallen lässt)* Spiel doch nicht den **Pharisäer**[29]**!!** … **Wer** ist jetzt hinter **wem her??**

Felix *(stützt sich auf ihren Schulter ab und entgegnet angeheitert)*
Na, äh, … die **Pharaonin!** … Hi! Hi! *(stößt wieder auf)* … Hick!

Kunigunda *(löst sich unvermittelt von ihm, so dass er auf den Boden fällt. Sie bekommt einen Lachanfall, setzt sich gekrümmt vor Lachen auf den Stuhl und schlägt sich dabei auf die Oberschenkel)* Ha! Ha! Ha! … Du **Scherzkeks!** Es gibt doch **keine Frauen** als **Pfarrer!** Die **hocken** doch **alle** in den **Katakomben**[30]!

Felix *(richtet sich ungeschickt auf und fängt nun auch lauthals zu lachen an. Dabei klopft er ihr so heftig auf den Rücken, dass sie vom Stuhl auf den Boden fällt)* Ha! Ha! Ha! Die **Pharaonin**, das doch die **Kleopatra!** *(auf einmal gefasst und dunkel)* … Aber wir haben **alles verspielt,** gegen den Julius Caesar, … leider!

Kunigunda *(steht sofort auf und bleibt fassungslos stehen)*
Du hast alles mit dieser Lach- und Schießgesellschaft alles **verjubelt?!** … Ich, … ich könnte mich ja **schwarz ärgern!!**

Felix *(entgegnet unbekümmert)*
Das macht doch nichts! … **Black is beautyfull!!**

Kunigunda *(baut sich vor ihm auf und kontert herrisch)*
Falsch!! Big is Beautyfull! *(schwindelt plötzlich und stützt sich auf ihm ab. Er versucht sie zu halten. Dabei taumelt er mit ihr vor dem Stuhl herum. Sie stößt seufzend aus)* … Ich bin mit **dir** und **deinem Latein am Ende!!** *(er versucht sie auf den Stuhl zu setzen, verliert dabei jedoch das Gleichgewicht, so dass beide mit dem Stuhl umfallen. Er verliert dabei seinen Lorbeerkranz, und sie das Bewusstsein)* … **Aahh!!**

Felix *(stöhnt, da sie ohnmächtig auf ihn fällt)*
Uff! *(während sie noch bewusstlos auf dem Boden liegt, richtet er sich ungeschickt etwas auf, kniet neben ihr, betrachtet sie verwundert und bemerkt unbekümmert)*
Mach dir nichts draus! Das kleine Latinum kannst du an der Volkshochschule abholen, wenn du wieder **O.K. bist! K.O.** war ich ja auch, als mich eine **schwere Hepatitis**[31] packte und **ans Lager fesselte.** … Ich glaube, es war die Form B oder C, der ich erlegen war.

Kunigunda *(steht blitzschnell auf und poltert los)*
Die **Körbchengröße** dieser feisten **Fetischistin** interessiert mich die **Bohne!** …
Ist schon ein **starkes Stück**, dass sie dich ans **Bett gefesselt hat!**

Felix (richtet sich jetzt auf, klopft sich den Staub von der Kleidung, geht zur Pflanze an der Seitenwand und bemerkt lapidar) Ich bin ja ein Steh-Sauf …
äh, Steh-Auf-Männchen und konnte sie abschütteln. *(hebt stolz die Pflanze in der Vase hoch und bläht sich auf)* Und fühlte mich wieder stark wie ein Stier,
… durch **Aloe Vera**[32]! *(etwas ernüchtert)* … Dass war aber ein teurer Spaß,
Dafür habe ich quasi mein letztes Hemd gegeben!

Kunigunda *(geht schnurstracks zu ihm, nimmt ihm resolut die Pflanze ab, stellt sie wieder auf den Säulenstumpf und erklärt mit Genugtuung)* Tja, das ist eben **die Quittung für deine Abendteuer auf Hawaii!** Oder wo du da mit dieser **Aloa Vera rumgetigert bist!** *(fährt bestürzt fort)* ... - Und die hat dir also **dein letztes Hemd**[33] **ausgezogen?!**

Felix *(verunsichert)*
Das **Hemd** war mir meistens **näher** als der **Rock**[34], weil ich so geschwitzt hatte, als ich einer **Fata Morgana** nachgelaufen bin. Das war leider vergebliche **Liebesmüh!** *(fährt verklärt fort)* ... Zum Glück hat mir aber **Alexandria**[35] ihre **Pforten geöffnet!** Und **ich habe das Feuer entfacht!** *(schenkt sich in den Kelch ein und fährt spitzbübisch fort)* Hi! Hi! ... Und dann habe ich sie **ausgenommen,** ... wie eine **Weihnachtsgans! Eine fette Beute!**

Kunigunda *(ringt fassungslos nach Worten, während er genüsslich trinkt)*
Was?! ... Du hast diese fette Alexandra in der Wüste einfach **ausgeplündert?!** ... **Das ist doch** ...

Felix *(setzt - ohne mit der Wimper zu zucken – den Kelch ab und erklärt kaltschnäuzig)* ... **Reine Routinesache.** *(fährt arrogant fort)* Zuckerbrot und Peitsche ziehen immer bei meinen Eroberungen!

Kunigunda *(geht nervös um den Stuhl herum und hadert verzweifelt)*
Was haben denn **deine tollen Eroberungen alle,** ... **was ich nicht habe??!!**

Felix *(stellt sich ihr souverän in den Weg, so dass sie stehen bleibt, erhebt feierlich den Arm und schwärmt beglückt ohne sie zu beachten)* Alles!! ... Alexandria, meine ich. Sie hat eine **große Bibliothek von Alexander dem Großen**[36]! Sie hat mich **fasziniert!!** ... Mit ihren **orientalischen Düften!!** ... Und ihren **Ausmaßen!!** ... Sie liegt am Mittelmeer ... und ...

Kunigunda *(tritt etwas zurück und fällt schnippisch ein)*
… **So belesen** kann die doch gar nicht sein, **wenn die da an den Stränden abhängt,** diese dumme dicke Dirn! *(wendet sich ihm etwas ab ringt fassungslos nach Worten)* - … Also was du da erzählst, das … das **schreit ja zum Himmel!!**

Felix *(fachsimpelt unbekümmert weiter)*
Und Alexandria **stinkt** zum Himmel! *(fährt begeistert fort)* … – Übrigens, unter freiem Himmel gibt's heute im **Kolosseum**[37] einen **richtigen Renner: Wagenrennen mit Ben Hur**[38]!

Kunigunda *(wendet sich ihm ergriffen wieder zu und versucht sich zu beherrschen)*
Hinter deinen **Huren** herzurennen reicht mir!! *(sehr eindringlich)* … – Kommst du nicht zur **Vernunft,** kommst du ins **Mausoleum!!** Und ich muss mit **Herman** dann ins **Kolosseum!!** *(setzt sich auf den Stuhl, hält sich die Hände vor das Gesicht und heult)* … **Huhuhu!!**

Felix *(ergreift unberührt das Buch, schlägt es auf geht damit vor und rezitiert selbstherrlich)* Sie nennt´s **Vernunft** und braucht´s **allein,** nur **tierischer** als jedes Tier zu sein[39]! Dann bin ich auch Herrn Herman um **Potenzen überlegen!** *(schlägt erhaben das Buch zu, legt es wieder hin. Und fährt überheblich fort)* … Er wird einfach **wegblasen!**

Kunigunda *(bricht - noch sitzend - plötzlich in Lachen aus, schlägt sich dabei auf die Oberschenkel und spottet)* Ha! Ha! Ha! … **Du** und **Potenzen!!** … Pass lieber auf, dass **du** nicht **weggeblasen wirst!** *(beruhigt sich plötzlich, steht auf, stellt sich zu ihm, erfasst seine Hände, schaut ihn mit großen Augen an, und fährt verführerisch fort)* … – So, ich mache mich jetzt **schön,** und werde in mein **Zimmer gehen!**

Felix *(löst sich sogleich wieder, tritt zur Seite und stammelt verlegen)*

Das ist aber zur Zeit **belegt,** … weil du solange weg warst. … Es wurde so **heiß,** in der Wüste, Kunigunda, und Kleopatra und ich äh, … sind dann hier her, weil es so kalt war …

Kunigunda *(bleibt einen Moment fassungslos stehen, ergreift dann wütend die Decke, baut sich damit drohend vor ihm auf und explodiert)* … Willst du damit sagen, dass ihr zusammen unter **einer Decke steckt?!** … Ich **schick dich in die Wüste**[40]**!!** … Du, … du **Wüstling!!**

Felix *(sie holt schwungvoll mit der Decke gegen ihn aus, er duckt sich jedoch schnell, so dass sie ihn nicht trifft, sondern sich durch ihren Schwung um ihre eigene Achse dreht. Er ergreift blitzschnell die Deckenspitze, so dass sie abrupt gestoppt wird. Sie wankt und hält sich an der Decke fest. Er versucht ihr in diesem Moment die Decke zu entreißen. Sie findet jedoch sofort wieder das Gleichgewicht und zieht ebenso vehement die Decke zu sich, so dass er nach vorne gezogen wird. Beide zerren*

jetzt an der Decke und beginnen sich gegenseitig hin und her zu ziehen. Er befiehlt schließlich halbherzig) **Lass doch endlich los**, Kunigunda! *(Sie lässt auf einmal die Decke los, so dass er durch den Schwung rückwärts nach hinten hinausstolpert. Er ruft aus dem Fond heraus)* … **Aahh!!** … Du bist ja **brutaler** als der **Brutus**[41]**!!**

Kunigunda *(schüttelt den Kopf, setzt sich und philosophiert selbstgefällig)* … - Sind doch alle **gleich,** die Männer heutzutage! … Alles **Schlappschwänze!** *(zieht ihre Kleidung zurecht, während er von hinten wieder eintritt, was sie jedoch noch nicht wahrnimmt, da sie in diesem Moment selbstverliebt nach vorne geht, ihr Haar dabei zurechtlegt und zu schwelgen beginnt)* … - So, nun mach ich mich **für ihn schön hübsch zurecht!** … Er macht mir **bestimmt** noch eine **Stippvisite;** mein **herrlicher Hermann** aus dem **Treutoburger Wald!** *(dreht sich beglückt um ihre Achse bemerkt ihn jetzt und bleibt verwundert stehen)* … – Was suchst **du** denn schon wieder **hier?!**

Felix *(bleibt hinten linkisch stehen und bemerkt verunsichert)*
Den Herman Wald, …äh, vom Teutoburger Wald. … Du weißt schon, . . .
der ist gerade **abgezischt!**

Kunigunda *(steht erhellt auf, bleibt stehen und frohlock)*
Wie?! … Hast **du** ihm eine **gewischt?!** … – **Ha!** … Mein **kühner Konsul!!**
(sieht sein Schwert, zieht es aus dem Köcher und schwingt es begeistert umher) …
Ich wusste, dass **du** ihn clever übers Knie legen kannst! *(wirft es ihm übermütig
zu)* … **Hier!** … Deine Klinge! … **Fang!**

Felix *(fängt reflexartig das Schwert auf, lässt es jedoch gleich wieder fallen und schüttelt seine Hände, steckt dann das Schwert ungeschickt in den Köcher und legt ihn verärgert auf den Stuhl)* **Aua!! Pass doch auf!** … Du hast doch **keinen Waffenschein!**

Kunigunda *(springt auf ihn zu und umarmt ihn stürmisch. Er steckt sich die vermeintlich geschnittenen Finger in den Mund. Sie setzt ihm liebevoll den Lorbeerkranz auf den Kopf und ruft begeistert)* Ist ja ein **Hammer!!** … Du hast ihn **kurz** und **klein** gemacht?! … **Felix,** du warst schon **immer der Größte!!**

Felix *(nuschelt mit den Fingern im Mund)*
Größer war er quasi als ich. *(nimmt nun die Finger aus dem Mund und fährt arrogant fort)* Aber du warst das **größte Menetekel**[42]. Ich habe natürlich wie

immer **Tacheles**[43] geredet. (mystisch fortfahrend) Denn dieses Haus ist ein Ort des **Heulens** und des **Zähneklapperns**[44]. Und Ich bin ständig **Feuer und Flamme** durch meinen **Drachen**. Und darum habe manchmal **kalte Füße**[45]. *(spitzbübisch fortfahrend)* Er hat mich wohl nicht recht verstanden, dieser **Kulturbanause**. Zum Glück!! *(zeigt auf die Tafel mit der Innschrift „Glücklich ist, wer alles versteht!" und stellt sie feierlich aber verkehrt herum auf den Stuhl)* „**Felix, qui potuit rerum cognoscere!**[46]" Glücklich ist, wer alles versteht! ... Das kannst du hier lesen!

Kunigunda *(Sie bleibt perplex stehen und schimpft)*
Ich werde dir die **Leviten lesen**[47]!! … **Idiot!!** *(wendet sich wieder ab und fängt an zu schluchzen. Sie schüttelt aufgelöst den Kopf und fährt mit gebrochener Stimme fort)* … Solche **fiesen Fisimatenten**[48] mit **meinem lieben Besuch! … Kann das denn wahr sein?!**

Felix *(entgegnet philosophisch)*
Äh, … so **wahr** mir die Götter helfen, … halfen! *(etwas erhellt, aber noch kleinlaut)* … Aber heute ist doch unser Hochzeitstag, … hast du das vergessen?

Kunigunda *(zittert vor wütender Erregung)*
Ich bringe mich um!! … Ich, ich vergesse **miiich!!!**

Felix *(ergreift das Schwert und erklärt mit dunkler Mine)*
Du kannst gleich alles vergessen! … Ich sollte jetzt Kleopatras Klinge zu schärfen, für den Suizid. … Und dann könnten wir uns endlich reinstürzen!

Kunigunda *(reißt auf einmal temperamentvoll die Arme hoch und ruft beglückt aus)* In die **ewige Liebe?!** … **Wunderbar!!** … Und dann ist **endlich Schluss** mit dieser **Klopatra**, … diese **Schlange!**

Felix *(versucht sich ihr zu nähern, um sie zu beruhigen, was sie allerdings aufgrund ihrer Ereiferung nicht wahrnimmt)* Das verstehst du nicht richtig! *(hält ihr mit finsterer Mine das Schwert vor Augen. Sie weicht beeindruckt zurück. Er fährt dramatisierend fort)* Ich muss sie einfach noch einmal scharf machen! … Sonst ist nie Schluss mit Kleopatra, äh, … das heißt äh, mit uns.

Kunigunda *(ergreift auf einmal die Tafel fixiert ihn grimmig, und geht langsam auf ihn zu. Er fixiert sie ebenfalls und geht zögernd mit erhobenem Schwert rückwärts ins Off. Sie verfolgt ihn langsamen Schrittes ins Off und ringt dabei um Beherrschung. Währenddessen schließt sich der Vorhang)* **Was!!** … Du willst **sie scharf machen** und mit **mir Schluss machen??!!** … Jetzt ist aber **endgültig Schluss mit Lustig!!**

Felix *(Vorhang. Er spricht erheitert aus dem Off)*
Das finde ich gar nicht lustig! *(stößt auf)* … Hick! … Aber irgendwann
muss ja mal **Schluss sein!** *(lautes Gepolter aus dem Off. Er spricht heiter
weiter)* … Und lieber Schluss mit Lustig als **lustig ohne Ende!** *(stößt auf)* …
Hick!

* * *

Erläuterungen

1   Kleopatra (VII). die Große, ägyptische Königin (69-30 v.Chr.), war Geliebte Caesars und später Marcus Antonius´. Sie beeinflusste letzteren und beging nach seiner Niederlage bei Aktium Selbstmord durch Schlangenbiss.

2   Ein Trinkspruch nach Gotthold Ephraim Lessing.

3   Umgangssprachliche Redensart mit der Bedeutung jemanden zurechtweisen; ein klärendes Gespräch führen; jemanden über seine Fehler aufklären.

4   Der Triumphzug wurde nach siegreichem Feldzug vom Feldherrn in einer Quadriga angeführt, gefolgt vom Heer und der Beute. Er führte vom Jupitertempel zum Kapitol, wo der Triumph des Senats empfangen wurde.

5   Redewendung, wenn jemand mit seinen Fähigkeiten und Stärken etwas sinnvolles schafft.

6   Neben der Laokoon-Gruppe berühmteste späthellenistische Plastik, ca. 130 v.Chr. Sie wurde 1820 auf der Kykladeninsel Melos gefunden und ist seitdem im Louvre ausgestellt.

7   Der Senat bestand als „Rat der Ältesten" aus ca. 300 bis 600 Patriziern – später auch Plebejern – und kontrollierte den Staatshaushalt und die Reichsverwaltung, hatte jedoch keine rechtliche Entscheidungsgewalt.

8   Arminius der Cherusker initiierte 9 n.Chr. einen Verrat, der zu einem bewaffneten Überfall germanischer Truppenteile der von Varus angeführten Legionen führte. Diese wurden dabei im Teutoburger Wald vernichtet.

9   Griechische Siegesgöttin. Sie wird im allgemeinen als geflügelte Frauenfigur dargestellt. Bekannte Plastiken sind die spätklassische Nike des Paionios in Olympia und die im Louvre ausgestellte hellenistische Nike von Samothrake, ca. 190 v.

Chr. Später stellte sie in der altchristlichen Kunst vornehmliche Engelfiguren dar.

10   Griechisches Tongefäß, nach unten spitz zulaufend und dadurch für den Seetransport geeignet. Oftmals war es kunstvoll bemalt.

11   Redensart, nach der jemand an der Flucht gehindert wird. Etymologisch ist „Schlafittchen" abgeleitet von „Schlag-Fittichen" der Vögel. Später wurde dies auch ein Ausdruck für den Rockschoß der Herrenjacke.

12   Redewendung, die sich auf eine Handlung bezieht, durch welche etwas dorthin gebracht wird, wo es schon im Überfluss vorhanden ist. (also ein fruchtloses bzw. sinnloses Unterfangen) Der Hintergrund ist, dass die griechische Göttin (Pallas) Athene Schutzgöttin der nach ihr benannten Stadt Athens war. Eines ihrer Symbole war die Eule. Die Athener prägten ihr zu Ehren Eulen auf die Rückseite ihrer Münzen. Daher die Folgerung, dass es in Athen wohl genug „Eulen" gibt. Ein anderes Beispiel hierfür ist auch: Wasser in den Rhein bringen, bzw. Frauen nach Paris tragen („franz. Emporter des femmes à Paris").

13   Südliche Halbinsel Griechenlands.

14   Sodom und Gomorra werden in der Bibel als sünd- und lasterhafte Städte erwähnt (1. Mose 18). Gott vernichtete sie mit Feuer- und Schwefelregen. Auf Abrahams Bitten, lies Gott den einzig gerechten Lot und sein Weib vorher fliehen unter der Bedingung, sich nicht umzuschauen. Als letztere sich auf der Flucht umdrehte, erstarrte sie zu einer Salzsäule. Auch heute noch werden Sodom und Gomorrha als Synonyme für laster- bzw. zügellose Zustände verwandt.

15   Tohu wa bohu: Hebräisch für „wüst und wirr" Mose 1,2: „Und die Erde war wüst und leer, und es war finster auf der Tiefe; und der Geist Gottes schwebte auf dem Wasser."

16   „Methusalah (Methuschelach, Methusalem) war hundertsiebenundachtzig Jahre

alt und zeugte Lamech und lebte danach siebenhundert und zweiundachtzig Jahre und zeugte Söhne und Töchter." Er gilt als Sinnbild für einen sehr alten Menschen.

[17] Der oder die Sphinx war griechisches und ägyptisches Fabelwesen. In Ägypten symbolisierte sie den Pharao.

[18] Einzig noch erhaltenes Weltwunder, die ca. 4500 Jahre alten Cheops, Chephren und Mykerinos Pyramiden.

[19] Redewendung nach der Trojanischen Sage, die ein Holzpferd erwähnt, in dessen Körper sich die griechischen Soldaten versteckt hielten. Nachdem den Trojanern aufgrund der List des Odysseus erzählt wurde, es handle sich um ein Opfergeschenk der abgezogenen Griechen, brachten die Trojaner das Holzpferd in die Stadt, die dann von den im Pferd versteckten Griechen erobert wurde.

[20] Diese aus dem Mittelalter stammende Redewendung scheint ihren Ursprung zu darin zu haben, dass jemand den Schelm, Schalk, Narren oder Jecken hinter den Ohren oder im Nacken hat. Die so Bezeichneten galten als verschlagen und listig, als verschmitzt und durchtrieben. Sie waren klüger als es den Anschein hatte, man musste ihnen mit Vorsicht begegnen oder durfte ihnen nicht trauen.

[21] Gaius Julius Cäsar (100-44 v.Chr.) war Verbündeter von Pompeius und Crassus im 1. Triumvirat (71-53 v.Chr.). Danach Sieg über Pompeius bei Thapsus (46 v.Chr.) und Dictator perpetuus (Diktator auf Lebenszeit)

[22] Sternbild

[23] Sternbild

[24] Tierkreiszeichen

[25] Tierkreiszeichen

[26] Tierkreiszeichen

[27] Ägyptischer Totengott mit Schakalkopf, der für die Einbalsamierung der Toten verantwortlich war.

[28] Nofretete (die Schöne ist gekommen) war ägyptische Königin und Gemahlin Amonephis IV. im 14 jh. v. Chr.

[29] Die Bezeichnung stammt aus Lukas 18, 10 - 11, in der ein Pharisäer betet: „Ich danke dir Gott, dass ich nicht bin wie die anderen Leute." ‚Pharisäer' ist die Bezeichnung für einen hochmütigen, selbstgerechten, heuchlerischen Menschen.

[30] Frühchristliche unterirdische Begräbnisstätte in Rom.

[31] Medizinisch: Gelbsucht. Unter dem Begriff Hepatitis versteht man Erkrankungen, die mit einer Entzündung der Leber und einer Leberzellschädigung einhergehen. Die stark verbreitete Hepatitis kann durch Viren, Bakterien, Protozoen, Parasiten, toxische Substanzen, Arzneimittel oder Alkohol hervorgerufen werden. Gegenwärtig werden 5 Hepatitisformen unterschieden: Hepatitis A,B,C,D und E.

[32] Aloe Vera Bardensis - botanisch den Liliengewächsen zugeordnet - ist eine Sukkulente, (Speicherpflanze), die als Heilpflanze medizinisch und therapeutisch eingesetzt wird.

[33] Saloppe Redensart: Jemanden bis aufs Hemd ausziehen bedeutet „jemanden restlos ausplündern". Und wer sich das Hemd ausziehen lässt, ist ein gutmütiger Trottel, der sich ausnützen lässt.

[34] Etwas veraltete Wendung, um deutlich zu machen, dass einem der eigene Vorteil wichtiger ist, als die Interessen anderer, in diesem Falle ist einem „das Hemd näher als der Rock". Diese Redensart wurde von Plautus in der Komödie „Trinummus" populär. Lateinisch heisst es dort: „Tunica propior pallio".

[35] Die zweitgrößte Stadt Ägyptens am Niltal wurde 331 v. Chr. von Alexander dem Großen gegründet und war unter den Ptolemäern mit Hochschule und Alexandrinischer Bibliothek geistiger Mittelpunkt der Antike.

[36] Alexander der Große (356-323 v. Chr.) gilt als einer der erfolgreichsten antiken Heerführer. Er übernahm 336 v.Chr. nach dem Tod seines Vaters Philippos II. die Herrschaft über Makedonien und dehnte sie bis Indien aus.

[37] Das Amphitheatrum Flavium, das 80 n.Chr. eingeweiht wurde, war das größte seiner Art und bot 50-75.000 Besuchern Platz.

[38] Nach dem gleichnamigen Film legendärer jüdischer Wagenlenker im 1. Jh. n.Chr.

[39] Zitat Mephistophes´ in „Goethes Faust"

[40] Umgangsprachliche Wendung, wenn man jemanden seiner Verantwortung enthebt bzw. ihn in die Verbannung schickt.

[41] Maruc Iunius Brutus (82-42 v.Chr.) war Vertauter und angeblicher Sohn Caesars. Er verübte 44 v.Chr. das tödliche Attentat auf ihn.

[42] Synonym für ein Warnzeichen bzw. für drohendes Unheil. Zurück geht diese Bezeichnung Menetekel auf eine geisterhafte Schrift, die dem babylonischen König Belsazar an der Wand erschien. Als einziger Prophet konnte Daniel die Zeichen deuten. „Gott hat dein Königreich gezählt und vollendet . . . und man hat dich (Belsazar) in einer Waage gewogen und für zu leicht befunden". Der Prophet sagte somit den folgenden Untergang des babylonischen Reiches voraus.

[43] „Tacheles" kommt aus dem Jiddischen und bedeutet „Zweck, zweckmäßiges Handeln". Im Wortsinn bedeutet „Tacheles reden" also „zweckmäßig reden, bzw. zur Sache kommen."

44 Sinnbild für die Hölle (Matth. 8,12: „aber die Kinder des Reiches werden ausgestoßen in die Finsternis hinaus; da wird sein Heulen und Zähneklappen.")

45 Die Redensart, mit der der Sachverhalt des „Abbrechens einer (illegalen) Handlung" umschrieben wird, entstand am Spieltisch. Es war eine beliebte Ausrede, das Spiel abzubrechen und so den Gewinn zu sichern.

46 Verkürzung des Ausspruches „Felix, qui potuit rerum cognoscere causas!" („Glücklich ist, wer die Dinge zu verstehen vermochte!") aus der „Georgica". In diesem Werk verklärte Vergil - bedeutendster Dichter der augustinischen Zeit (70 – 19 v.Chr.) - das Landleben in poetischer Form.

47 Umgangsprachliche Redewendung, die sich auf die Ermahnung, Zurechtweisung oder Rüge einer Person bezieht; Das dritte Buch Mose enthält fast ausschließlich Gesetzesvorschriften. Wer jemandem die Leviten, die Gesetze vorliest, hält mit anderen Worten eine lange Strafpredigt

48 umgangssprachlich, saloppe Redensart, die soviel bedeutet wie beispielsweise Ausflüchte, Umstände, sinnlose Einwände, Unsinn oder Unfug machen. Zur Herkunft gibt es unterschiedliche Erklärungen: 1. Herleitung aus dem 15. Jahrhundert von „visae patentes literae", (kurz: „visepatentes"), ein umständlich zu erlangendes Patent. 2. Herleitung aus dem mittelhochdeutschen Wort „visamente", das Zierrat oder Ornament bedeutet. 3. Herleitung aus der volkstümliche Deutung von „Visitez ma tente!" („Besuchen Sie mein Zelt!") das wohl eine geläufige Einladung französischer Offiziere an deutsche Mädchen während der napoleonischen Kriege war. 4. Herleitung aus der volkstümliche Deutung: Von der Ausrede verspäteter Passanten gegenüber napoleonischen Straßenkontrollen „Je viens de visiter ma tante." („Ich habe gerade meine Tante besucht.") 5. Aus dem frühneuhochdeutschen Wort „fisiment" (bedeutungsloser Zierrat)

Akzentuierungen in **betonten Satzteilen** sind **fett** gedruckt.